幸せマイルール

心に清音をもたらす言葉集

高木書房

目次

はじめに

ことばだけで人の心を動かすのはとてもできないことですが、大事なメッセージは伝えておきたいと思い、自宅近くの四季の風景と里の景色に、ことばを添えて本にさせていただきました（なお写真は私がデジカメで撮ったものばかりです）。

阿蘇山地外輪の南小国という里の風景と、その山間部に、遠くまで遥かに続く近くの草原の丘の連なり……主に押戸石や黒川温泉、満願寺温泉と最近できたファーム道路からの四季を写真にしてみました。ところで私は風景は撮りません。

風景の向うにあるものをカメラに収めてゆくのです。「今日は五月の微風を撮りにゆこう」と思ったり、雪の日は「雪の衣を着た風の姿を写しにゆこう」とするのです。この本では蝉の林をゆるがす鳴き声、赤トンボ達の遊び声、ひばりが空で騒ぐ唄声、野の花が風に揺らいで唄うさま、静かな渓谷にひびく清流の音等をここ二十年あまり、人に発表する意図を全く持たずにためた写真を載せました。

小国郷は九州の真ん中でありながら冬は雪深く、ツララや十センチ位の霜柱等はあたりまえ、毎年の行事の一つです。だから春が緑と黄い花に満ちていて、夏は「ほらっ！」と手の届く位置に白い雲が浮かび、秋の景色は空青く透み、星一杯でとても透明な色の光に満ちた里です。

東北や北海道から訪れた方でさえ「こんな所に一度棲んでみたいですね、美しい所ですね」と声をあげられます。

私はここで陶器創りと田づくりと瞑想セミナーと薪づくりをしています。

南小国町は筑後川源流に在り、温泉と湧き水と清流に恵まれています。他にあるものは、ダム湖と広い空と別府まで続く草原と字が読める程明るい星と月の光、特に満月の夜はライトを消して走れる一直線の草原の道路、ミルクロード、積もる雪、おいしいお米、コーヒーにぴったりの湧き水、ささやく風と紅葉の森、ひばりとカッコー、かぶと虫とくわがた虫とうるさい蚊、たくさんの蝶々と六月の田に舞う銀色の赤トンボの群れ、いつも頭すれすれに飛び来るオニヤンマ、春の新緑と秋のススキ穂の輝き……春秋夏冬とどれも捨てがたい郷愁が息づく里……ああそれに筑後川の源流の湧水から田の水にまぎれ込んでくる山女魚《ヤマメ》たち……私はこの「小国の里」が大好きなのです。どこからでも阿蘇山の「涅槃像」が拝めます。

本当にこの地、南小国に偶然棲めて、幸せです。

心にうかんだまま、小国の里の四季の風景に合わせて私が持ち歩く今生メモを私の写真に載せて記してみます。少し皆さんの心に響けば幸いです。

（詞）北川　八郎
写真　北川　八郎

手書き「今世メモ」

朝　希望に起き
昼　努力に生き
夜　感謝に眠る
習慣づくといいね

心

尊敬する人を
少なくとも三人
身近に求めよう
そして尊敬する人に
ぴったりと貼りついて
生きよう
いつしか自分が
「尊敬される側に
立っている」だろう

澄んだ声を
　目ざしなさい
濁りある心は
　濁りある声となる
澄んだ声は
　人々の心に沁み渡る
澄んだ声は
　人々が受け入れる

心

あなたの祈りは
あなたが実現すると
悟った程度に
応じて
叶えられる

……友が少なくて
独りのあなた
私にある時
「今世中なせる
善行は
すべてなせ」と
声がひびいた
……
心がけると たくさん
友が増えた

平凡が一番
と知ると
今世は結構楽しい

「マイルールの一つ」

この人生
少し貧くらいが
私の適正体宜

財産と肩書き
と体重は
みな同じ
余分な分
病気のもとなのさ

食べる事は聖なること
長寿と健康を目指して
「少食に生きる」
ことは 私達の大事
な
人生の宿題の一つ

「チャンスは人がもたらす」
だから
人を嫌うと
チャンスを失い続ける
それでもなお
人を嫌うと
チャンスと 才能の
二つを失ってゆく
それでも いいのかい

嫌な人との出会いこそ
神の恵み
私達に様々な気づきを
もたらす
嫌な人に出会ってこそ
学びと成長がもたらされる
時が過ぎ この出会いの
意味を 学んだ時
この出会いに感謝する日が
きっとくる…… だから
どんな嫌な人でも
嫌ったまま
残り人生の 大半を
過す事なきよう 祈ります

「myルールの一つ」
この生では
生活の向上よりも
澄んだ心と
善意の力の向上を
目ざす

お店で
訪れし人々が
ここに満ちた光で
安らぎ
癒されますように
ここを い出し 人々に
いつまでも 良き光と
笑顔が
満ちていますように

大きなトゲは抜き易く
小さなトゲは抜き難い
このように
毎日小さな怒りと
小さなイライラは
小さなトゲとなって
心と体を　いつまでも
チクチクと傷めてゆく

怒りと優しさの関係
　知っているかい…

怒りと優しさは
一つの袋に入っているんだよ
怒りが増えると
優しさが減り
優しさが増えると
怒りが減るんだよ

怒りがとれなくて苦しい時
……
怒った翌日は 長く息を
吐いて、怒った人に 許しの光
を送ってみよう、ついでに
眼を上げて太陽を
額の中心に受けてごらんよ
光が満ちてくるだろう
そうすると
固まった「運」勢が少しづつ
流れ始めるのを感じるさ

「投げたものは必ず返ってくる」
怒ると怒りが返ってくる
文句には批判が返る
悪意には悪意が返ってくる
嫌うと嫌われる
好意には笑顔が返る
そりゃーみごとに返ってくる
「善意には
次の善意が
もたらされる」
人は投げた
同じものを受取る

人と会う日
・・・・今日は何を持ってゆこう
と思案する
「優しさ？」「思いやり」
「許す事」「はげまし」
・・・・今日は笑顔でいいか

花に水をやり過ると
根腐されを起す
お金もありすぎると
心が根腐れを起す
その時思いやりが消えて
トラブルが増えて
苦しむことになる
お金持ちよ、
平凡くらいでご
「平凡が一番」

バカにされようと
偽善っぽいと
思われようと
心にひたすら
善意を抱いて
生きよう
きっと善意の人々の輪
の中で生きている自分を
発見するだろう

あなたの吐く言葉が
あなたを苦しめ
あなたを励ます
心を汚す言葉を
吐いてはいけない
人間性の感じられる
言葉は
人の心を貴く

信こそ目に見えぬ
黄金の財なのである
信こそ
この世を渡る貨幣
なのさ、　だから
何があっても
迷わず
「利よりも信をとれ」

「いつもする祈り」
この食べ物が
私の健康の源となり
人を救う
光の源となりますように
いただきます

「豊かさは与えた分に
比例する」
って
知ていて欲しいな

ーいつもする祈りー

まわりすべてが
おだやかで
ゆたかで
健康で
ゆかいで　あります
ように　合掌

"心には力がある"
いつも思っていることが
実現する
良きことも
悪しきことも
夢と希望も
心配も

「子供達よ」
大人になったら
人の喜びの輪の中で
頒ち合いを覚えて
生きてゆきなさい
きっと自由と不足のない
生活が待っている

人からの
"ありがとう"は
自分も救い
人への
"ありがとう"は
人の心を救う

「嬉しい」
「楽しい」
「ありがたくい」
この三ことで
毎日　暮せるように
なりたいな

あなたに
光が満ちて
きますように
あなたに
良き事が
たくさん
ありますように
光あれ
光あれ　光あれ

「今世メモ」也ツハ郎 記

五月、カッコーが響きわたる押戸石の丘（阿蘇南小国町）

私達は　みな　人として
今世この世に来た意味がある
ただ財と地位を手にし
快と野望を果たしに
きたのではないことは確か

生きる時間の
美しさ
楽しさ
喜びの深さ
罪の深さを
この生でこそ学ぼう

「心はうつる」

自分がイライラすると
相手もイラつく
「心はうつる」

自らが心地良く
落ち着いていると
相手も心地良く
おだやかでいられる

「心はうつる」
と知っているかな

南小国の阿蘇外輪の草原は谷が浅くコーヒーとクッキーがあればどこまでも歩ける
ここに遊歩道があれば最高だ

―お釈迦さまがある時こう言われた
『自分がされて嫌なことを
近い人にも　遠い人にも
なしてはいけない
行いはもちろん
言葉によって傷つけてもいけない
なぜなら時が過ぎて
傷つけたことを忘れていても
自分の為したことは
やがてあなたに追いつく
生あるうちに、人に与えた
同じ苦と同じ喜びを受けることになるだろう

心の想いと言葉は
二つの矢になって飛んでゆく
一つは自分に
もう一つは相手に飛んでゆく
いつか自分の心に向った矢と
相手になげた罪の矢が二つ重なって
あなたに返ってくる
同じように人に与えた喜びの分
二倍になって返ってきて、
自分が幸せになり笑顔に包まれるんだよ』と

秋になると一面ススキ穂の世界となる。夕方は細胞までピンクに染まる…

秋の阿蘇の涅槃像…どこからでも涅槃像と出合う

『良き転生を目指せ』
四十歳になったら
後に続く人の為に……
受けた恩を返し始め
五十代に入ったら……
次の転生に備えて
体と心の功徳を積み上げるように
するといい
六十代、七十代は、残りの人生を
楽しみ
ひたすら徳を積み
さらなる転生に備えよう
安らかに、おだやかに
人生の後半で
地位と名誉と罪の荷をおろせ

※時刻も季節も場所も全く異なるポイントからの撮影写真　でも阿蘇は同じ寝姿

真夏の夕暮れ、鼻のマスクはこの日もかけたまま

初秋、鼻の上にはいつも雲

陶器工房からの四季

写真上：冬、朝焼けの雪景色　雪もピンクに染まる
写真下：晩秋、クヌギの枝葉が畑一面を覆う

写真上：初夏、みんな生き生き花も楽しげ
写真下：初冬、快晴の日の朝－１０℃で霜が真っ白く美しい

―ある秘密の言葉―

「汝の悟れる程度に
汝の祈りは叶えられたり」

つまり、望む未来を事実として受けとめた時
その希望は現実化するのです
手に負えないほど困った問題は
神の座に預けなさい

「チャンスについて」

すべての始まりに敷きつめられている
「努力という苦」の小石をくぐり抜けると
才能の開花と
チャンスという
運の始まりに出合う
…………
努力を惜しむなかれと言いたい
努力を楽しもうと言いたい
結果が思わしくなくても
嘆くなかれ
続けているとチャンスの神様が待っている
『チャンスの神様は
努力する人が好き』である
必ずあなたを待っている

この日は朝から雲の上を歩いて阿蘇山頂近くまで行けたのです
（瀬の本高原のホテルより）

チャンスの神は
努力する人が好き
目に見えない法則に
気づき始めると
あなたの元に
恩人という
使者を送り込む

八郎

風にあおられてモコモコ走る羊の群れ？　雨で逃げるススキの草群

いつも光が傍らに来ていた

招かれて
下座もなく
上座もなく
空いた席に座る
自由が一番

初めての穴窯焚き　破れ帽子

辛いことから
逃げて 逃げて
また 逃げてはいないか
楽しいことばかり
歓迎せずに
辛いことも うまくゆかないことも
人生にはたくさんある
トラブルは すべて必要で
そこに 学びがあると
その源は 自分にある
と 気づくだろう

朝露で浮かび上がったクモの巣　美しい！

才能は
名をあげる為に
神が与えてくれた
のではなく
人々に希望と勇気
をもたらす為に
与えられたのです

い郎

走って！　飛んで！　手を上げて！　雲をつかもう!!

失敗にこそ未来があり
希望がある
だから　失敗する自分も
失敗する相手も許してゆこう
……
挫折《ざせつ》もまた良し
その意味を学べば
すべてマルイチ　それは
神の恩寵《おんちょう》と解る日が来るでしょう
あらゆる失敗や苦しみは
すべてマルイチ
その気づきこそ　最大の恵み
だから大丈夫

せ

「オ～　―　オォー…―！」

「マイルール」の一つ

朝、人に会うとき
朝、職場に立つとき
朝、難しい問題を
　解決しにゆくとき

今日は何を持って
ゆこう……と心する
笑顔？
思いやりか
許すことか　励ましか
揺れない心を添えた
断る勇気か

言葉や知識で学ぶ癖のある人は
座ったまま行動を求めようとする

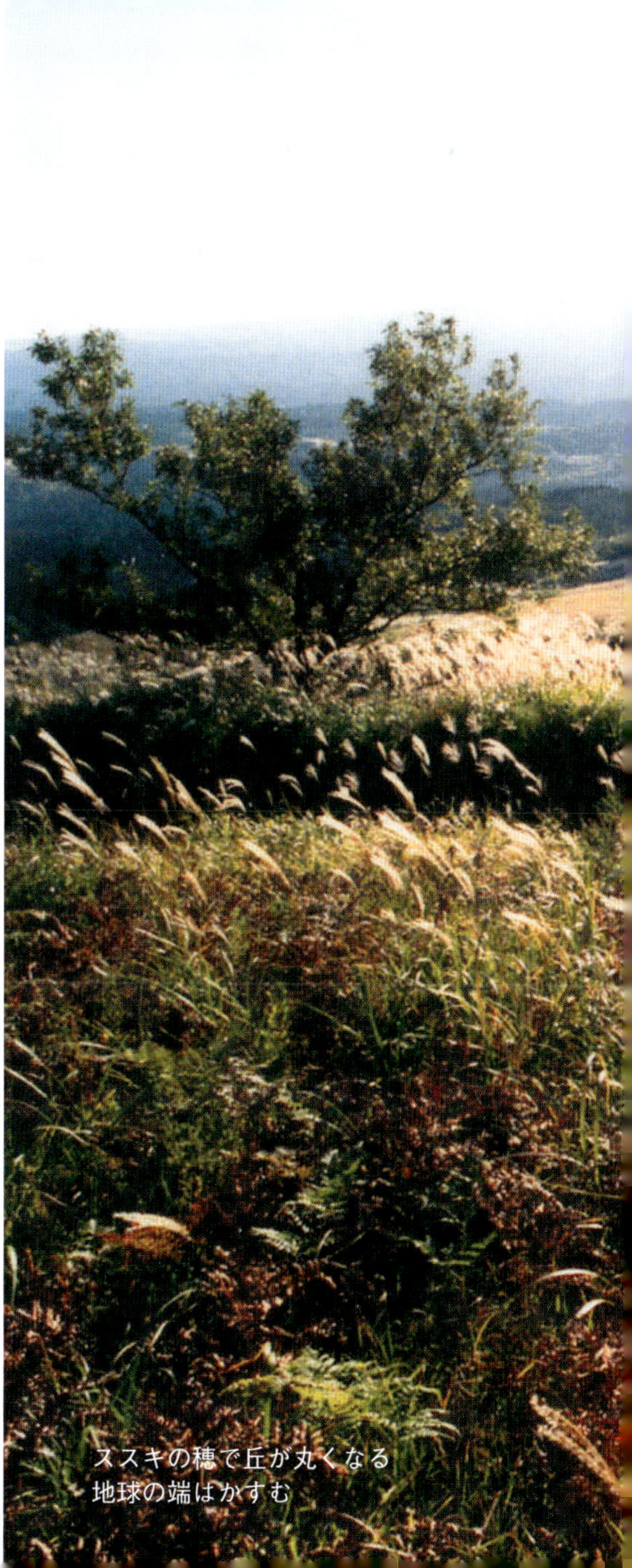

ススキの穂で丘が丸くなる
地球の端はかすむ

お金持ちになりたい その上私は
大きな仕事がしたいのですが」
お金が増え 仕事が大きくなる分
不安とトラブルはつきもの
イライラと楽しみも
みな一緒に増えてゆく
これが法則
利ばかり求めず
今は少し人に頒ち
損をして生きる事も覚えるといい
トラブルと不安が
みるみる消えてゆくだろう
損をした分
いつか思いがけぬプレゼントが

神からある
楽しみ
楽しみ

景色ではなく５月の風を撮った写真　微風を感じませんか？

人はたくさんの砂袋と
たくさんの小さな風船のついた
気球に乗って
天を目ざしている

透明な水底の景色を撮りにきました……
秋はとにかく美しくさわやかで空気が透んでいる…清水の底に棲んでいる思い

罪の入った砂袋を
増やさず
小さな感謝と
小さな親切を
増やすと
魂の気球は
上昇し始める

１㎝ほどのピンクの野の花　勝手に「空飛ぶ天女草」と呼ぶ
花達の楽しげな合唱が聞こえます

筑後川の源泉近くの清流　水音だけが辺りにこだまする

今あるは　すべて
自分のせいであり
世間や時代のせいではない
あなたの選択による
人生の結果
「なしたことの受取人は
お前である」

生き方と運を変えるのに
遅すぎるということはない
それに気づくと　また
倒れた樹の根から
新芽が出てくる
どんな重病でも……よみがえる

豊かさは人に与えた分に比例する

六月初旬　赤トンボが朝日に舞い始めます

つよい怒りと深い不安は　体に穴があき　内臓に　オデキをつくる

さわぐ赤トンボを撮ってきました　遊び声が聞こえてくるよう…
白い光点は羽がきらめく赤トンボ達です

怒りは身を滅ぼす

何か寂しく何か無性に懐かしい風が吹くところ(南小国町)

高速道路で
前の車を
追い抜き　追い抜き走る時
急ぎ慌てて　つい
休み処を失ってゆく
あなたは　今その
休み処なき人生の高速道路を
走ってはいないか

春の桜が咲いたこと
気づいているかな
この秋は紅葉の中で
おだんご　食べてゆかないか
ちゃんと生きるとは
ちゃんと休むことも
含まれているよ

神の丘と呼ばれる草刈場

多くの場合
人生の失敗は
神が与えてくれた薬なのです
失敗や不遇は
決して　試練ではなく
神の恩寵なのです
それは
学びの場であって
また、再出発の滑走路であると
気づいて下さい

人生の前半に積んだ
罪と欲の荷を
降ろしてゆくことこそ
人生の後半における
心の作業
残りの人生時間の中で
人々に喜びと優しさと
生きる勇気をもたらす事で
心を
清めてゆけるように……

この日は押戸石の丘が神々しい光に包まれていた（南小国町）

貧と不運にある時こそ
自分を清めるチャンスである
自由な時間が増え
不安の量は限りなく少ない季節
良き人生時間と知ろう

貧と不運にある時こそ
純であれ
この時に濁るなかれ
グチと嘆きから遠ざかれ
周りの人々に対して善の祈り時間を
持つことができた時
不思議にその不運から逃れられる

九州なのに、一月はいつも雪に埋もれる…また今年も美しい

あなたのなす
動機が
純粋であれば
世間は
必ず
味方する

心配ごとは
風船に入れて
遠くへ
遠くへ
飛ばしなさい

ひばりの声を撮りに行った写真　聞こえませんか、
高い空から美空に舞う……ひばりの唄声が

—何でこんなに苦しいの……

今状況が悪いのは
過去の思いと行いが
まちがっていただけなのさ
将来を良くしたいならば
今の心
今の対人関係のあり方
今の計算高い生き様を
素朴で純な方向へ
元気と笑顔の方向へ

今からでいい　今がチャンス
有利、不利の計算器を捨てて
　舵を切り換えてみよう
そうすると
未来は良くなる
良き未来がくる
あなたの心が変ると
良き未来……
それは必ずやってくるよ

山火事かと消防車を呼びたくなる夕焼け—秋は西の空がいつも焼け落ちる

晩秋の強い風の中　押戸岩の丘

嘆く人は
嘆きの人生が
いつまでも終わらない
足りない　足りないと
口にする人は
十年たっても
足りない　足りないと言っている
つまり
口ぐせの人生に導かれていく
これが法則の一つ
光のバスに乗り換えてみよう

私の「マイルール」

第一条『オーバーしない』

食べ過ぎない
太り過ぎない
やせ過ぎない
働き過ぎない
サボリ過ぎない
貧し過ぎない
金持ちになり過ぎない
眠り過ぎない
年寄り過ぎない
スマートすぎる……
これはいいか

自宅横の畑の収穫　バジルもキュウリも曲っている
何気なく撮ったのに、みな生き生きしている

――「お金は生きている?」って
実感がないけれど――

死に金とは
自分の快と身を飾る為に使うお金で
快が増す分
還ってくることなく　快におぼれると
身が滅ぶことになる
生き金とは
自分の成長と人の役に立つ為に使うお金で
それは人の心に　よろこびをもたらし
やがて身に還り
同時に自分の才能に輝きをもたらす
使い方次第で
お金は生きたエネルギーなのさ

青空に雪と木立が透明な静けさを呼ぶ

人は皆毎日同じ事の
くり返し

それが平和で
その平凡が一番

受けた恩は石に刻み　かけた情は水に流せ
（信州の寺の石碑の詞）

40日間断食していた所
テントとマッチだけで暮らし、毎日見ていた風景　南小国（黒川温泉の上）

技術は心があって初めて生きる

仕事についたら
おもしろいと思うことを
探そう
何か始めたら
――ルーティンになる
まで続けてみよう
楽しい部分をさがして
あきらめないで続けると
神の応援がやってくる
「努力は決して自分を
裏切らない」とは
本当のことと知る日が
来るだろう

「ありがとう」を
一日千回言うよりも
一日一回「ありがとう」
と言われる生き方を
勧めます

セミナーで壇に立つ時
今日は「やさしさ」を与えようと
思い立つ
人と会う時
今日は何を持ってゆこうかと想い発つ
「はげまし」「思いやり」「元気」
「許すこと」「いたわり」
……あなたは何がほしい

雪の朝、川の中の温泉場
勇気があれば誰でも入れます
（阿蘇南小国町　満願寺温泉）

満願寺温泉の上の石橋、歩くと雪に滑って川に落ちる

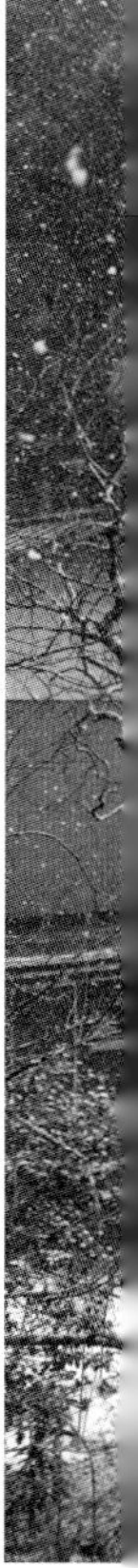

日本人の生き方である
「不幸にならないように生きる」
ことをやっていないだろうか
「幸せになる為に生きる」
ことに切り替えてみるといい
大きな違いを知るだろう
目指す「幸の丘」は同じでも
不幸にならないように生きていると
「不幸をひきつけて生きる」ことになるのが
この世の法則のおもしろさ

「辛い人に会う時」

金色のバリヤーを張りなさい
その人に光を送りなさい
辛い時や
嫌な人に負けそうな時に……
その威力に驚くだろう

とにかく美しい　安らぎます

桜ではありません
枯木に巻きついた薄紫の藤の花です

人は肉体の快を目指すけれど
心の快にまさるものはない
なぜなら
心の快は肉体をも癒してくれる
心に良きエネルギーを持つ事ができる様になれば
不思議とトラブルが消える
顔はいつも爽やかで
素食の毎日が心地良く
心が静かで落ちついてゆく
深い腹式呼吸も身を助けてくれるだろう

人に投げた怒りは
必ず自分に還ってくる
それは　その人の運や体力が落ち
地位を失った時に還ってくる
人に投げた想いは
良きことも
悪しきことも
二つの矢になって飛び
一つは人々に
一つは自分の心に積み重なってゆくのさ
積み重なった矢は
自分の運が衰えた時にどっと還ってくる

薪で焼きあげた穴窯…中は静かで気持ちいい

怒りや恨みは氷の刃だ
鋭くて人を傷つけるけれど
温かい光の元で必ず溶けてゆく
怒りや恨みが
鉄や石の刃に変化しないうちに
怒りに向って祈ろう

祈りについて

欲で濁った祈りは
通じ難く
澄んだ祈りは
たちまち通じる
祈りと瞑想は
心の滑走路づくり
いつか　神が
降りてくる為に

みんな笑顔（九重山が見える丘）

この世の仕事の一つは
なしてはならないことを見極め
なさなくてはならないことを
一つ見い出して
ずっとそれをなし続けることにある

どんな場面においても
『利よりも信を選ぶ』
習慣と勇気を
身につけた人は
何も恐れなくていい
正しく
ごまかしと　嘘と
いい訳の少ない
今の道を歩め

言葉は形となる

「ありがとう」と
言われる生き方を
選ぶのが
一番

『幸せマイルール　心に清音をもたらす言葉集』

ハガキ　1組6枚 700円　送料 100円

A組

B組

電話　03−5855−1280　FAX　03−5855−1281
E-mail　syoboutakagi@dolphin.ocn.ne.jp

書籍は1冊定価2,000円（送料は1冊200円、2冊以上は無料）。

内200円は震災義援金にあて、販売部数×200円を日本赤十字社に寄附し続けます。

下記の注文書かE-mailでご注文下さい。

お支払い方法　発送時に郵便払込用紙（青）を同封します（払込手数料はご負担願います）。

注　文　書　　FAX 03−5855−1281

『幸せマイルール　心に清音をもたらす言葉集』					冊
ハガキ	A　　組	B　　組		C　　組	
送り先	〒				
氏　名			電　話		
送り先と請求先が異なる場合は、請求先をお書きください。 〒					

C組

人を好きになると
チャンスと才能の戸が開く

えっ、私も撮るの？

つらいことや大病は　ありがたいな
痛いことや悲しいことは　ありがたいな
喜ばしいな　とはなかなか思えないかも知れない
でも　そのことで学びがたくさんあり
今までの悪い運が
どんどん拭《ぬぐ》いさられてゆくのは確実だ
良きことはつらいことの後にやって来るのさ
今のこのガタガタ道を抜けると
あの平穏な
アスファルトの道が待っている
もう少しだ　もう少し！
希望と　善意で乗り切れ

決心と小悟には
違いがある
決心は利や方法論や
人の助言によって
変わることがあるが
小さな悟りを得ると
なにがあろうと
人は迷いなく
前に進み始める

お金

経済は不安を
目覚めさせる悪魔
でもあるのさ
だからお金があっても
物にあふれても
減る恐れから
次々に不安が生まれ
収まらないだろう
それが経営者なのさ

来年もまた、春には揃って、弁当持って花見をしようね

て生きる

すべての才能は
人の役に立ってこそ輝く
人の役に立つことに
つながらない才能は
ただ野望の道具にしか過ぎない

定価2,000円
税5％

㈱高木書房　4330

注文カード

書店名

部数　部

書名	発行所
幸せマイルール 心に清音をもたらす言葉集	高木書房
	著者
	北川八郎

定価：2,000円
(本体1,905円＋税5%

□増刷中
（　月　旬出来予定
□品切れ　(増刷未定

9784884710873
ISBN978-4-88471-087-3
C0012　¥1905E

売り上げカード

(株)高木書房
東京都北区田端新町1-21-1
TEL.03-5855-1280　FAX.03-5855

書名	幸せマイルール 心に清音をもたらす言葉集
発行所	高木書房
著者	北川八郎

定価：2,000円
（本体1,905円＋税5%）

ISBN978-4-88471-087-3　C0012　¥1905E

これ、最近の写真です　大正ではありません

——めんどう臭いなあ……は
大きな悪しき癖なのだよ……
「しかし　めんどうだなあ」

楽をした分
あとで苦しむ
手を抜いた分
あとで仕事が増える
ここまでは誰もが経験する
手を抜き
楽をたくさんすると
とり返しのつかない事がやってくる

今時手植えは無理　腰を痛め田植機を買いました

声は 唄うために生まれ
顔は笑顔を生むためにあり
体は歓喜の踊りを
おどるためにある
笑顔で 唄って 踊ろうよ

古代文字が刻まれた押戸石の巨石（南小国町）

押戸石の丘とは
プッシュ・ドア・ストーン
つまり、異次元世界への
入口を意味する。
ここに立つと
異次元に入る。

善意と好意は
与えっぱなしにしなさい
効果を期待しない生き方を
身につけなさい

アハハ、まあいいじゃん　この笑顔

一〇%の損は折り込みずみの人生

霧の中の月と太陽

秋　満月の夜、月の上がり始め　シーンと静かでした

初秋の朝、７時頃の太陽

意欲と欲には違いがある
意欲は　人々を幸せにし
社会に貢献する
欲は　自分の都合
野望であって
自分の幸せのみを求めて
囲りの混乱を招く

朝日昇る前　一面の雪（南小国町）

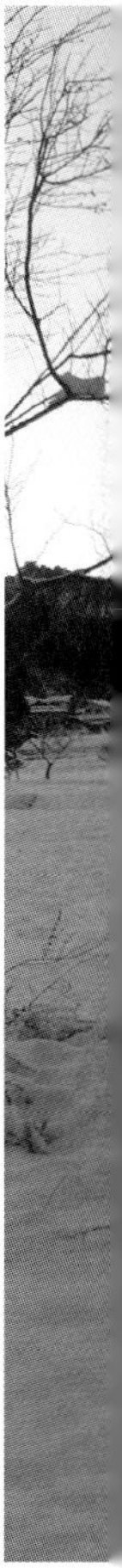

――生きる上で苦や病は
意味があるとは思えないのですが――

苦しみは
赤信号を渡るあなたへの
警告であり
病は　やり直しのチャンス
苦と大病は生き方を変える為の
神のプレゼント
内容の濃い神からの手紙
貰って初めて大病の意味が解る
…………
感謝が生じる時
大きな罪が落ちる
そして
あなたの顔が輝いて人々が驚く

あなたの準備が整った時
師が現われる
私利のない師をもちなさい

押戸石の岩の上では誰もが少女になります

嫌な人こそ人生の師—そこに学びがある

ここに座ると皆、少年時代にふける（小国町地蔵塚）

怒りは小さな対人関係も
大きな対人関係も
破壊してゆく
火のついた怒りはなかなか治まらない
怒りは人の大きな悪癖の一つである
そろそろ
勇気をもって
「怒り少なく生きる決意の幟《はた》」を
高々と掲げよう

「心の病がある時」

もし　あなたが今　対人関係で
とても辛くて苦しいならば
一番憎い人や許せない人に
良き祈り捧げることを
習慣としてみよう
それはまず「光あれ」と祈ろう
それから少しずつ周りの人に
「おはよう」といってみよう
「ありがとう」といいながら
日々を過ごすと
心の病からの好転は早くなる
もし
「良きことあれ」と祈れる時がきたならば
きっと未来は良くなる
きっと良くなる
「希望の祈り」を覚えよう

杉が観音様の姿になり、歩き出す　時に私をじっと見つめる（工房より）

出会いと
気づきは
迷いをとる神の薬
良き出会いを
求めて止むなかれ

菜の花から創った、菜の花釉のお碗

夕陽を眺めて立つ樹を撮った　さびしさを共有した…（南小国町）

そろそろ
あの世に持って
いけるものと
あの世に持って
いけないものの
仕分け始めよう
身が軽くなり
人生が楽しくなる

何度も言おう
チャンスは人がもたらす
だから　人を嫌う人は
人生のチャンスの数が減っていく
才能がチャンスをひらくのではなく……
チャンスが思ってもなかった才能を拓くことも多い

また　チャンスは人と継続がもたらす
だから何か始めたら
楽しみが湧くまで続けてみよう
それを努力という
努力は決して
あなたを裏切らないだろう

左の写真　同じ場所の景色です

工房の裏（真冬）

工房の裏（真夏）

押戸石の初夏　ひとりでゆこう　花の唱う声が聞える

ドンベでいい
最後まで走り抜いてこそ輝く
生き方はヘタでいい
素直は　最大の才能　知性の一部
未来を疑うことなく
努力続ける事こそ
才能の本質
ドンベでいい
拍手の音が君を待っている

生きる上で
よき友
よき先輩
よき師を
求めなさい
もし出会えたら
人生は　一変する

どこまで歩いても大丈夫　頭上ではひばりが鳴く　ひばりの声を撮りに来たのです

魂を洗う生き方を選べ

怒りを少なく生きてみよう
怒りは人間の大きな罪

カブト虫とクワガタの安住地
蝉の声の中で　たまにコーヒーを…

——怒り易い人へ——

許すことを覚えて
　　ゆくと
心が軽くなる
許すことを生活に
　　とり入れ
恨みを消滅させて
　　ゆくと
代わりに笑顔が
あなたに棲みつく
怒りを治めることは
この人生の
大切な学びの一つ
怒るなかれ
もう怒りをおさめる時
もう許そう

手が届く雲　股の間から逆さまに撮ってみた（押戸石）

―イラついて……心が痛む時
許しなさい
その人に光を送りなさい
もう許しなさい
恨みを抱き続けると
罪と苦が生じ
この体も傷み心もねじれてくる
恨みを薄くして
良き祈りを捧げてみよう
祈りを覚えることも
学ぶべき大切な作業なのだ
手を合わせてみよう……とにかく
もう許してみよう
「あなたを許します
　あなたに光あれ」
「福あれ　幸あれ　光あれ！」

学歴や名誉や高い地位が何になろう
そんなものが
自分の品格
人生を高めてくれるのではない
利を追わない心や人を救いたい気持ち
やさしいエネルギー
辛い時期を耐え抜いた時の
温かみのあるまなざしこそ
その人生の結晶
高い人間性を感じさせるものこそ
神の求めるところ

〈瞑想会場〉

私のマイルールの一つ
——君のマイルールは？

感謝だけで
お願いはしない
ただ感謝を覚えれば
お願いしなくても
それは思いがけない時に
やって来ると
知っている

春の雪の朝、道路標識もかすむ霧の中　まもなく朝一のバス時刻

谷の一番奥にある田　イノシシの遊び場でもある

「神のワナ」の一つ
舌の快、体の快だけを追っていると
苦にたどり着く
快の追求は
うしろ半分に同量の苦のにがりのついた
ケーキみたいなものだ
前半の甘さにつられ　つい食べ過ぎると
後のにがい苦悩まで食べてしまう
甘いものの後には後悔のもとになるにがいものが
必ずついている
あらゆるものは
苦と快が同量で成り立っており
どちらか一つ全部ということはない
だからすべて　程々に
八分で……できたら六、七分でおさえ
コントロールする心を養うことを始めよう

才能を育てたいならば
子供に……
禁止ことばを使わない

やり続ければ
必ず前に出る

満願寺温泉入口バス停（南小国町）

先が見えず
辛いかも知れないが
あきらめず
努力し続けると
いつか必ず　神が
あなたの運の花火に
点火する
楽しみに待つといいよ

枯れ木に　氷の花　満開の桜のようでした（九住山登山口）

人生に地位や名誉、財産
いろんなものを背負いすぎない

とにかく
善意と好意は与えっぱなし
効果は求めない

「なあ？　たんぼ手伝わんな」

このように雪の日には、風が雪の衣を着て姿を見せるのです

自分を少しでもごまかさず
生きるのは難しい　でも
相手がどうであれ
善意を与え続けることだけ
心掛けよう
知識で得た自慢話をやめて
頭善人
口善人
にならないよう
自分の為した事のみ
人に語るように心掛けよう
それは囲りの人々の心を貫いてゆく

あなたの心の奥にある
宇宙の看板をみつけなさい
それに
未来のあなたの姿と
希望と　輝きを
書き込みましょう
あなたの信じる度合に応じて
実現してゆくでしょう
これは事実です

稼ぐ為だけの働きは
辛いものになるだろう……？
その自分の仕事の先が
たくさんの人々の幸せや
何らかの喜びに　つながっていると気づくと
仕事にやり甲斐が見えてくるのさ
とりあえず
好きな人を見つけて　好きな人の為に働け

旧自宅　これが住み易いんです（満願寺温泉）

工房の夏　セミと蚊とカブト虫の林

●悩んだ時は……

『なせる
サーヴィスは
すべてなせ』

その時　出来ない
いい訳を用意して臨むと
あなたのサーヴィスを
待っている人々が
消えてゆく

黒川温泉の案内板（私のへた字）

働くとは
――傍を楽にし合うこと――
お互いに補い合うことを言うのです
このわずかな人生を
奪《うば》い合いに終始することなく
その時間を頒《わか》ち合いと
助け合いと
補い合いに注ぎ
仕事を通して
「共に生きる」ということに
目覚めてほしい
働くことが楽しくなるでしょう

「お〜い、何度言せるんだ
手伝ってくれ」

あなたも　本当は
「幸せになりたい」だろう？
一歩目は
「人を嫌うこと」と
「怒ること」
「欠点探し名人」
「グチ名人である」
私を捨てて
「少し良き未来を見つめて」
「大好きな人を増やしてみる」
それが対人関係の改善の一歩なの
です
二歩目は
「ほめて拍手を送るのが大好き」と
「幸せになる事は楽しい」という
実感の

踊りたくなる楽しい日和？　足が上ってませんネェー

生き方を選んでごらんなさい
対人関係の向上と
笑顔に囲《かこ》まれる世界が
本当にあると知るでしょう

三歩目は
嫌いな人の存在を許し
人を嫌う自分の存在を許すと
「救いがくる」と解かるでしょう
いつも人と自分の間に
警戒の線をひくのをやめ
仲間づくりの輪のヒモを
四〜五人の向うに広げてみよう
みんないい人
みんな友達になれる人と
解かる日がくる

押戸石の石群…なんか、いつも光にみちている（南小国町）

——対人関係の
目に見えない法則を
教えよう

人を嫌うと嫌われる
人を好くと人から好かれる
人を怒ると人から不評と文句が返ってくる
人から奪うと奪われる
人に傷を与えると
自分も傷つき　おびえる
そして病を得る
善意を与えると
次の善意が生まれて
心に喜びが生まれる
ささやかな善意でいいから人にあげてみよう
笑顔と励ましで十分なのだ
人種と民族を越えて
共に生きていける様
好意と善意を　いつも持ち歩こう

家族や同僚やパートナーとの関係に
『尊敬と感謝』を持ち込んでごらん
特に妻に『尊敬と感謝』をさし出そう
今のかたい雰囲気が
みごとに好転するだろう

笑顔　輝く60代

あまり健康で
あまり順調であることは
その幸せに気づかないでいる分
不幸とも言える
ありきたりの日常をただ何となく
幸せなのか不幸なのか
……ズルズルと不満の中で
時を過ごしてしまう

心と体の傷みこ
あらゆる命が
ともにこの地球
生きていること
教えてくれる
だから　心の痛
辛いだろうが…
逃げてはいけな

九州とは思えない日々が続く

電気を使わない日をつくる

風の姿を撮りに来たのです

吹雪く風の音、聞こえますか？　耳に当たる雪のつぶて、感じますか？

「友は変わる」

その人の心のレベルに呼応して変わってくる
人は同じ目つきの仲間と
同じ服装の友と輪をつくる
だから今の友があなたの心のレベルなのです
そう　まず　心を澄ませ
同じ方向に歩む
友を見つけよう

我が自宅でした

グチ名人の
あなたには
写経で
「よかった探し」を
身につけてもらう

みんなで パン焼く日

秋の新ファームロード　バイク向きロード

今より少食にすると
欲のコントロールも
出来るようになるのさ

怒りと不満で
食べる食事は
餌にすぎない

快を目的として食べ続けると
病を得る

舌にいいものは
体の健康センサーを
曇らせるから……
旨いものは
メタボの世界の美女
ついてゆくと危ない

山女魚がいっぱいの清流が
あちこちに残っている（南小国町）

――子供たちへ

周りの人には
善意の与えっぱなし
ただ与えっぱなし
これがルール
効果を期待しない
これが極意
人生が一変することを
体験するだろう

元旦の朝

〃お釈迦さまになれ〃
というのではない
少しお釈迦さまに近づこう
できる限り道の人になろう
人の道を歩もう
疲れたら少しさぼり　時に休み
また前に歩もう
止まること少なく
前に歩もう
時には　立止まってもいいよというのが
「歩む」……ことなのだ

私も昔こんなでした。青バナとくし歯、肘はピカピカ

子供達へ
人の為に役立って最高なのさ
いつか必ず世間は
あなたを応援するだろう

子供達へ
大人になったら　人の喜びの輪の
中で
頒ち合いの楽しさを
人生の中心に置いて生きてごらん

子供達へ
友を比較の中で評価せず
自分や友達も
個人の歴史の中での変化と成長を
認めてあげよう

運のバスに
乗り遅れた
ことは
嘆かなくていい
忍耐が次の運の
バスを
見つけるだろう
やがて、きっと、でき
未来があなたの
背を叩く

春の井手口の掃除（田植準備）

とにかく
許す事を覚える

繁栄の法則
――まず肯定的に
生きる事を学ぼう

自分にとって少し未
来の良き事実や
楽しいことや希望を
いつも口にしている
と
その良きことをひき
つけてゆきます

少し先の良き未来を
いつも想う……
そして信じる……口
にする
それが肯定的に生き
るコツなのです

瀬の高原　この夕刻、この時間、
この道を歩いてごらんよ最高さ（南小国町）

今は「拡大」よりも「充実」を目ざせ

大根畑　向こうに天国を感じさせる

人づき合いに上手
下手はいらない
みんな下手なのです
誠実だけでいい
それで渡れます

太陽の下にゆくと
傘《かさ》をささない限り
陽はあなたにもそそぐ

私のさぼり場所

この人生軽トラなのに四トンの荷を積んでいる　そりゃ苦しむわな

怒りは人間関係を破壊する
それでも怒る？
そりゃ苦しむわな

真夏の地蔵塚 一本桜の丘（小国町）

人の役に立つ喜びを
子供達に伝えよう
毎日出会う人の
良き友になることを
自分の人生の目標の一つにすると
必ず不思議な救いがやってくるだろう

5㎜位の花弁　花はデザインの天才です

春、田の取り入れ口　せせらぐ音が透んで聞こえます

アトピーもガンも
今の医学は救えないだろう
まずは病にかからない
食事の摂り方を身につけよう
野菜中心に玄米と豆と
太陽をたくさん浴びたフルーツを
毎日……一生食べ続けよう
太陽エネルギーの固まりの
野菜を頂こう
肉による、動物や魚の悲鳴のひき渡しを
受けてはならない
ただ〝旨い〟からといって……悲しみを
食べると苦しむ

野菜は太陽エネルギーの貯蔵庫だ
野菜は光の太陽エネルギーを
緑や赤や黄に変換して貯蔵する
だから野菜を食べるということは
純粋太陽エネルギーを
直接　摂取していることになる
もしアトピーがあるならば
まず一日断食から始めて
とり入れた体の毒の排出から始めよう
体が透んでくる
次に菜食に切り換えよう
今ある傷みが遠ざかるだろう

ガンも消えゆく
玄米食が一番
時々イノシシも入ってきます

食を軽くし
いつも旬の新芽に満ちた
野菜を摂り
トマトやフルーツの様な
新鮮な喜びに満ちて育った
太陽の化身をいただくならば
古樹が毎春新芽を出す様に
古くなった身体もまた
細胞が新芽に満ちて
若返るって知っている？

秋の匂いが立ち込める一日　豊かな気分

野菜を食べると血がきれいになる　木の実を食べるとガンが逃げてゆく

秋のススキはこんな色　走ってみませんか

季節を食べる
春は苦い
夏はデリシャス
秋は甘い
冬はハッピイ

私の大好きな谷　交互の重なり合いが…美しい音階を出す…ラ〜ン　ラ　ラン

この星に生まれて良かったと思う写真です

玄米食は肌が透き通り
あごがすっきり
ウエストくっきり
いつまでも若い

さっきまで座って眺めていました

朝・昼・晩
春・夏・秋・冬
人間の持って生まれた体は
自然のリズムを素直にうける
今の時代
便利と電気がそれを壊してゆく

祭りの日　陶器展

「いつも自分に問います」
お前はこの世に何を
もたらそうとしているのか
混乱か　平和か
汚れた私欲か喜びか

お前はまた
この世から何を
受け取ろうとしているのか
そしりか　安らぎか
それとも　愛か

おびえ　震えている動物を
〝旨い〟という理由だけで
余分に食べてはいけない
それはきっと食べた人に
おびえた動物の悲しみがひき渡される
私は食べない

怒りは
小さな対人関係も
大きな対人関係も
壊してゆく
そろそろ
怒りなき
人生航海へ
帆をあげよう

五月です　ひばりとカッコーの世界

他の人に投げた想いは
やがて自分に返ってくる
だから　他の人への厳しい評価
傷をつける言葉や
周りの人に感情を投げつける事を
やめることは正しい
その時　誰よりも
あなたが救われる
自分に笑顔が生まれ
他の人の行為が気にならなくなり
人生の車輪が良い方向に
廻り始める事を体験するだろう

田の口のせせらぎの音を撮りにきたのですが…

人の親になった時――
子供達に
「人の役に立つという充実感」と
「生きる事は楽しい」と教えてあげてほしい

生を受けて
『思い通り、期待通りの人生は
ほとんどの人にやって来ない』
というのがこの人生のはじめの約束……
だから努力の舟が要る

その舟に乗って……この世の人に対する
目に見えない法則に気づくと
この人生は楽しく
充実感に満ちていると分かるだろう

「チャンスの神は
努力する人が好き」と　知っている？
チャンスの神は　努力していると
大事な時に「恩人という使者を私達のもとに
送り込む」のだと教えてほしい

大人になった時
人の喜びに少し奉仕できた人生を
誇りに思うようになるだろう

こんな雲見ましたか？　たくさんの鯉のぼりのようでした

荒れていても
子供に接する
時間を多くすると
子供の心は
安定する

トトロ気分の笑顔

セミの声のすき間から見える阿蘇山

子供は叱らず
抱きしめ
励まして
訓練する

弱い人の味方をして
人の為に生きることを
教える

ここに佇めば誰にも地球が廻る音が聞こえてくる（南小国）

この青い草の海を眺めていると
体の奥から
悲しみと安らぎとまざり合って
不思議なやわらぎが滲み出てくる
「やさしく　ありたい」と
心が揺さぶられる

この青い草の海の
はるかな景色の中に佇《たたず》むと
今までの苦も楽も一緒に溶けて
私と同じように
ただ「やさしく　ありたい」と
あなたも思うだろう　きっと

真夏でも足が冷たく、川底が紫に光るのです（南小国）

サケは素晴らしい
清流に生まれ
濁流に青春を生き
海で大人を経験し
死の直前に再び清流に還る
私も見習いたい

感銘を受けた本に出合ったら
著者に会えと子供達にすすめています
そして
その声と雰囲気とオーラに
接するがいいよ
なぜなら
ある時　本の文字が
著者の声となって
読む人の心に響き始めることを
体験するだろうと

ふるえながらでも、歩き続けたくなる
雪解けの朝　遠くに望む涅槃像に向って

柔らかく美しい丘　ずーっと向うまで腹いっぱい歩いてみませんか

疲れたら……
時には　自然に
溶け込むといい
四季の変化は
人間だけが
特別な存在で
ないと
大きな優しさで
包んでくれる

忙しいこと
それは
私の天敵
怒り狂うこと
それも私の天敵

空がきれいでしょう　北向きの青空はいつも紺碧色なのです
青空にはビルではなく枯れ枝が似合うのです（工房の北の空）

―独りが好きな人へ

寝ていても
歩んでいても
怒っていても
笑っていても
TVを視ていても
あらゆることをサボって
ブラブラしていても
止まることなく
昼夜に命の電池は消耗してゆく

今のままの若さで
いつまでも生きられると思うなかれ
この世には意味と目的がある

朝から晩までずっと独り…いつも光に満ちていた（４０日の断食中）

だから　手はじめに
人としての喜びの中に生きてみよう
必ず仲間が増え
あなたの孤独の苦しみと
悲しみを癒してくれる
「仲間とはなんと楽しいことか」と
きっと叫ぶだろう

「あの世に持ってゆくものは
人に与えた悲しみと喜びだけ
あとはすべて置いてゆくことになる」

『―私は疲れた……何をしていいのか解からない』

ゆっくり　生きるといいよ
少しサボリ　人生を楽しんで
佳き時間を持つ為に
今ある様々な
人生の荷を降ろしてみよう　まず
「ねばならない」と「べきである」を
脇に置いてみよう
そして　次に周りの人々に
感謝の言葉をかけてゆこう
そうすると……
不思議にあなたの想いは形をとり始め
やがて叶うだろう
だから有利、不利、好き、嫌いを脇において
ひたすら善意を与えよう

「善意」と「好意」と「親切」を
周りの人に勇気を出して……
さし出してみよう
「ありがとう」を小さくつぶやこう
「目と声のきれいな人になりたい」
と思わないか

語ることばをきれいにし……
いつもきれいなことばを口にすると
目と声がいつしか透んでくるのさ
だから　透んだ声を目指してごらん
濁りある心は
濁りある声となる
透んだ声は　人々の心に沁みわたる
透んだ声は
人々があなたのすべてを
受け入れるようになるだろう

大根畑（南小国町）

人を叱る時
効果ある言葉を
探さないで
効果を求めなくなる
境地を得た時
あなたのことばは
相手の心を貫く

祝福と警告を持って10年に一度現れる氷の観音像
私が正しいとやって来て励まし、
私が汚れると出てこないのです
自宅の庭にて（高さ３５cm）

「私は人づき合いが下手
上手につき合えないのです」

対人苦は
自分が人を許さない時から始まる
「嫌いな人」ばかり
「苦手な人」ばかり
「消えてほしい人」ばかり
という思いが
自分を苦しめ始めるだろう?
「嫌いな人」「相性の悪い人」
「敵である人」こそ我が師と思い
トラブルの時
許すことをとり入れよう
…………

さらにその人に
安息の光を送ることを学びとりいれると
そこから人生の好転換が始まる
対人苦がなくなる……
まず許すことを覚えよう
次に「嫌いな人」という感情を
薄める為に、その人の背に光をあてよう
心が軽く温かくなる
やってごらん
ずーと一生……やり続けてごらん
光の向こうにゆける

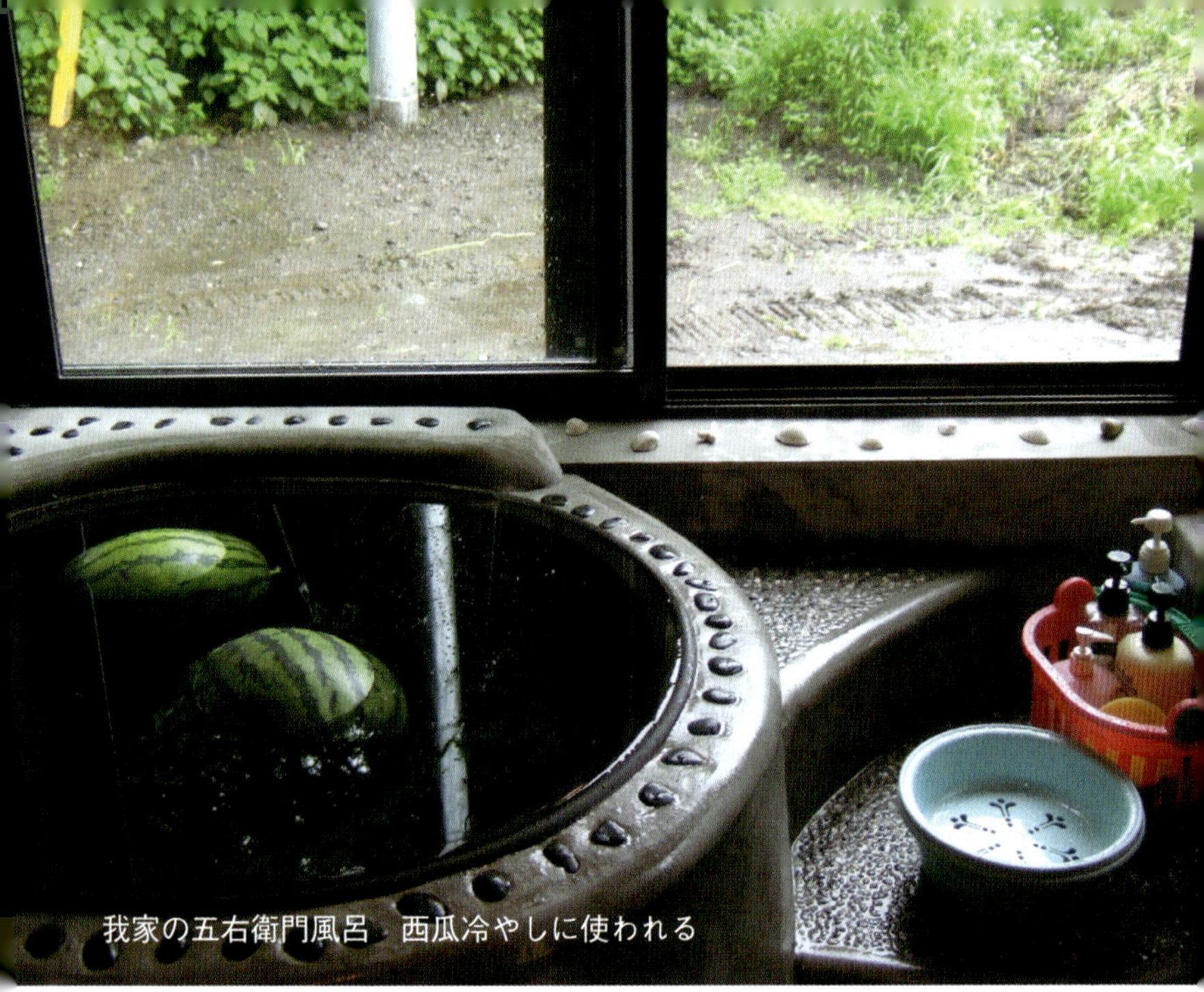

我家の五右衛門風呂　西瓜冷やしに使われる

私はいつも
季節を食べる事にしている

ガンや糖尿になったのは
宇宙の秩序である
愛情と調和から離れたからだ
怒りと、不安と、あわただしい毎日、
体を冷やす、ことに
生活の習慣を移したことと
肉の多食に原因があったのだろう
ごめんなさい　と言い
感謝と笑顔と喜びの毎日に戻ると
きっときれいなほうの細胞が
元気に　目覚め始めるさ
そして　体から怒りのガンが消失して
生き返るだろう
時には一日断食もおすすめします

「光の香り」

昔　長断食していると
私の光につられて
私の囲りに
チョウチョウとトンボが
ぐるぐる
まわり始めたことがあった
その時
遠くから来たチョウチョウから
「光には香りがあるんだよ」
と知らされた
チョウチョウとトンボが
光の香につられて
やってくるようになった

命あるものは　みんな
一つの光の中で
生きている
だから　みんな
どれも　これも
大切
いらない人間も
いらない虫もいない
みんな一緒に
「お互いさま」

つい最近２月２４日の雪

後ろ　ネパール　マチャプチャレ（神の住む山）

この時代のこの日本に
もう再生することがないことを想う時
この人生全力を尽して
その意味と人生の楽しさと
不思議さを学びたいものだね

私達は　皆　何かそれぞれ
目的つまり　この世の宿題や
この世の使命を持ってきている
どんな人にも役割の席は用意されている
私たちの使命には
艱難《かんなん》はあっても辛苦は用意されていない
その席は平和感と充実感に満ちているから
……その席を求めて歩もう

「では　さようなら…ばいばい　またね」男二人の道行きです

できたら少し瞑想を覚え
深い呼吸の中で魂と会話し
今生この世にきた意味と使命をさぐって
心を鎮めることもしてみよう
もっと落ち着いた人生を選び
楽しんでみよう
次に　深い呼吸をしよう
私達の人生の残り時間は少ない
欲の河を渡る決意をしてみるといい
イライラと不安が消えてゆく
毎日　しっかりまなこをあげ
青空を見つめよう
ただ春秋に流されることなく
お釈迦さまを真似て
犀の角の様に　まっすぐ歩み進めよう

空がきれい
星がきれい
爽やかな香りのある
冷たい空気が
肺の奥までしみわたる
この星に生まれて
感謝以外に何があろう

あとがきに代えて

北川八郎先生の講演を初めて聞いたのは、平成二十年六月十七日、美容室ラッシェルさんでのセミナーでした。

「人生の失敗の中に、未来がある」「自分に起きている問題は、今後の生き方の道標《みちしるべ》である」等々。不思議だったのは、何の壁もなく先生の言葉が私の心に入ってきたことです。抵抗なく、素直に聞くことができたのです。

今にして分かるのは、一般のセミナーや研修では、いわゆるテクニックやハウツウが多い中、北川先生の言葉は、もっと本質的な、物事の根源を明らかにしているからだと思います。

ちょうどその時期、個人的な事ですが、バツイチの男性と娘が結婚することになっていました。

先生は「すべてマル、バツイチではなくマルイチです」とおっしゃいました。

私は目が覚めた感じでした。大切なのは二人の努力です。素直に結婚を認め、二人を励ます言葉を『ともに築く』の冊子にまとめて贈りました。

そしてセミナーの時に『あなたを苦から救うお釈迦さまのことば』（通称青本）の発刊が決まり、そのちょうど一年後に『あなたを不安から救ってくれるお釈迦さまのことば』（通称赤本）を発刊することができました。

何より嬉しいのは、これらの本によって本当に救われている人がいることです。もっと嬉しいのは、その人達が更にその輪を広げてくれていることです。

本書もまた言葉だけでなく写真の効果を含めて、ご縁のある方々の魂を浄化していくことは間違いありません。写真は北川先生が、やすらぎと希望の祈りをこめて（普通のデジカメで）撮影されたものです。また名古屋の高津御夫妻のご協力援助により、この本のカラーページが増えました事を深く感謝いたします。

光あれ、幸あれ、読者の皆様のご多幸をお祈り致します。

高木書房　斎藤信二

著者略歴

北川　八郎（きたがわ　はちろう）

1970年代、カネボウ化粧品（株）の銀座本社に勤務中に会社の正義と社会の正義とのはざ間で苦悩。答えを求めてカネボウを退社。人として生きている意味を見失い迷いの森をさまよう。

インド放浪。1985年に信州より九州阿蘇外輪山の小国郷に移住。

41歳の時黒川温泉の平の台水源の森で41日間の断食（水のみ）。43歳の時46日間の水だけの断食に導かれ「人としての小さな光明を得た」。

宗教とは関係なく今生、人を許し怒りを少なくし罪少なく生きる事、いつも人の善の為に祈る事を命題として与えられた。

競い合う事よりも頒ち合いとやさしきエネルギーの中で多くの人々とつながり生きるよう導かれた。

平凡な一人として平和感と安らぎの内に自然の中で暮らしてゆく為に「三農七陶」の生活を送る。人々に「祈りを伝える者」として生きる事が残りの仕事と感じている。

1944年北九州市生まれ。小倉高校卒。阿蘇山中の南小国町にて満願寺窯を構え、トマト灰釉など自熱灰釉の器を創って生きる。

■北川八郎公式サイト「満願寺窯・北川八郎」http://manganjigama.jp/
展示会、講演会、楽心会等の日程、陶器、書籍の購入、食と健康の情報などを掲載しています。

（主な著作物）
北川八郎　心の講話集
『1巻　心にある力』
『2巻　断食のすすめ』
『3巻　対人苦からの解放』
『4巻　繁栄の法則』
『5巻　ベジタリアンライフのすすめ』
『6巻　光る足』など。

『断食の本』―致知出版
『繁栄の法則』―致知出版
『ブッダのことば　百言百話』―致知出版
『自然灰釉の作り方』―理工学社
『あなたを苦から救う　お釈迦さまのことば』
『あなたを不安から救ってくれる　お釈迦さまのことば』
高木書房

※自宅注文　FAX 0967-46-5042

本書は販売部数×200円／冊を震災義援金として 日本赤十字社に寄附し続けます。
本書で使用の写真の所有権は、全て著者北川八郎氏が有します。

幸せマイルール
心に清音をもたらす言葉集

平成二十三年四月二十九日 第一刷発行
平成二十三年十一月十一日 第二刷発行

著者 北川 八郎
発行者 斎藤 信二
発行所 株式会社 高木書房
〒一一四－〇〇一二
東京都北区田端新町一－二一－一－四〇二
電話 〇三－五八五五－一二八〇
FAX 〇三－五八五五－一二八一
装幀 株式会社インタープレイ
印刷・製本 株式会社ワコープラネット

 ISBN978-4-88471-087-3 Printed in Japan

笑く遊さん
少しきれいに
2011.11.6